한글
예쁘게 쓰기

한글 예쁘게 쓰기

개정판 1쇄 발행 | 2023년 05월 10일
개정판 3쇄 발행 | 2024년 11월 30일

엮은이 | 편집부

발행인 | 김선희 · 대 표 | 김종대
펴낸곳 | 도서출판 매월당
책임편집 | 박옥훈 · 디자인 | 윤정선 · 마케터 | 양진철 · 김용준

등록번호 | 388-2006-000018호
등록일 | 2005년 4월 7일
주소 | 경기도 부천시 소사구 중동로 71번길 39, 109동 1601호
　　　(송내동, 뉴서울아파트)
전화 | 032-666-1130 · 팩스 | 032-215-1130

ISBN 979-11-7029-232-6 (13710)

이 도서의 국립중앙도서관 출판시도서목록(CIP)은 서지정보유통지원시스템 홈페이지(http://seoji.nl.go.kr)와 국가자료공동목록시스템(http://www.nl.go.kr/kolisnet)에서 이용하실 수 있습니다.(CIP제어번호 : CIP2016024014)

한글
예쁘게
편집부 엮음
쓰기

매월당
MAEWOLDANG

머리말

　여러분! 사람은 누구나 바르고 예쁜 글씨 쓰기를 소망합니다. 그러나 처음부터 글씨를 잘 쓰는 사람은 드물어요. 자신의 마음에 드는 예쁜 글씨체가 저절로 얻어지는 것은 아니거든요. 그러므로 우리가 맨 처음 한글을 배우고 익힐 때부터 우리말과 글을 제대로 읽고 쓰는 습관을 길러, 바르고 예쁜 자신만의 글씨체를 얻을 수 있도록 노력해야 합니다.

　바른 글씨, 예쁜 글씨를 쓰기 위해서는 호흡을 가다듬고 마음을 차분하게 가라앉힌 다음, 천천히 한 글자 한 글자 정성을 기울여 반복하는 연습이 필요해요. 그렇게 오랜 시간을 두고 꾸준히 쓰고 또 쓰는 연습을 하다 보면 어느 순간 정말 예쁜 자신만의 글씨체를 갖게 된답니다.

　또한 글씨 쓰기는 우리 두뇌 발달과 집중력 향상에 많은 도움이 됩니다. 글씨를 잘 쓰면 자연히 공부하고 싶어 하는 마음도 생기게 되겠지요? 그러면서 모든 일에 자신감을 갖게 되고, 다른 과목을 공부할 때도 매우 효과가 좋으므로 쓰기 연습은 단순히 예쁜 글씨를 쓰는 것으로 그치지 않습니다.

　여러분! 글씨를 잘 쓴다는 것은 바르고 예쁜 글자의 모양을 갖추는 것이므로 글자의 형태에도 관심을 갖는 것이 중요합니다. 같은 낱자라 하더라도 자리 잡는 위치와 어떤 모음을 만나느냐에 따라 모양이 달라지기 때문에 획의 방향과 길이, 간격 등을 잘 관찰하면서 쓰면 더욱 효과적입니다. 예를 들면 기역(ㄱ)이 아(ㅏ)를 만나면 '가'로 쓰지만, 기역(ㄱ)이 으(ㅡ)를 만나면 '그'가 되므로 같은 기역을 쓰더라도 만나는 모음에 따라 ㄱ으로 써야 할 때도 있고 ㄱ으로 써야 할 때도 있는 거예요. 무슨 말인지 이해가 되지요?

그리고 또 하나 꼭 기억해야 하는 것은 한꺼번에 너무 많은 양을 쓰려고 하지 말고, 각자 자신의 수준에 맞게 적당한 양을 정해 꾸준히 연습해야 한다는 거예요. 자칫 욕심을 부리다가는 처음부터 흥미를 잃고 쓰기 연습을 게을리 할 수 있거든요.

다시 한 번 말하지만 글씨를 바르고 예쁘게 쓰는 것은 짧은 시간의 연습만으로 이루어지지는 않아요. 하루에 15분 정도의 시간을 투자하여 꾸준히, 성실하게 반복하는 연습이 뒷받침되어야 합니다. 그러면 이 책을 만난 모두가 바른 글씨, 예쁜 글씨를 쓸 수 있을 거예요.

1. 쓰기의 목적

글 쓰는 사람의 생각이나 느낌을 글로 정확하게 표현하는 일로, 붓이나 펜, 연필과 같이 선을 그을 수 있는 도구로 종이 따위에 획을 그어서 일정한 글자의 모양을 이룰 수 있는 능력을 갖추게 하는데 그 목적이 있습니다.

2. 쓰기의 바른 자세

글씨를 단정하게 쓰려면 먼저 마음의 긴장을 풀고 몸가짐을 바르게 하여 다음과 같이 바른 자세를 취합니다. 먼저 어깨의 힘을 빼고 등이 구부러지지 않은 곧은 자세로 상체를 세웁니다. 머리는 약간 앞으로 숙여서 눈과 종이와의 거리를 30센티미터 정도 유지합니다. 왼손은 자연스럽게 펴서 종이 왼쪽 위에 가볍게 올려놓고 오른손 손목 부분이 종이에 가볍게 닿게 하여 부드럽게 씁니다.

3. 연필 잡는 법

글씨를 쓸 연필은 엄지손가락과 집게손가락으로 잡고 가운뎃손가락은 안쪽을 받치며 쓰는데, 이때 종이의 면과 연필의 기울기는 45~60도 정도를 유지하여 너무 힘을 주지 말고 가볍게 손목을 움직이는 것이 가장 좋은 자세입니다.

4. 한글 쓰기의 특성

한글은 글자의 짜임새가 한자와는 다르기 때문에 글씨를 쓰는 요령도 약간씩 다릅니다. 한글은 그 선이 부드럽고 자연스럽기 때문에 모든 획은 대체로 한자의 획보다 모나지 않고 부드럽게 써야 하며, 글자의 주된 역할을 하는 세로획은 일부러 끝을 구부리지 말고 자연스럽게 아래로 내리긋듯이 써야 합니다.

차 례

1단계

ㄱ	ㄴ	ㄷ	ㄹ	ㅁ	ㅂ	ㅅ
ㄱ	ㄴ	ㄷ	ㄹ	ㅁ	ㅂ	ㅅ

ㅇ	ㅈ	ㅊ	ㅋ	ㅌ	ㅍ	ㅎ
ㅇ	ㅈ	ㅊ	ㅋ	ㅌ	ㅍ	ㅎ

ㅏ	ㅏ					
ㅑ	ㅑ					
ㅓ	ㅓ					
ㅕ	ㅕ					
ㅗ	ㅗ					
ㅛ	ㅛ					
ㅜ	ㅜ					
ㅠ	ㅠ					
ㅡ	ㅡ					
ㅣ	ㅣ					

ㅐ	ㅐ					
ㅔ	ㅔ					
ㅒ	ㅒ					
ㅖ	ㅖ					
ㅚ	ㅚ					
ㅟ	ㅟ					
ㅘ	ㅘ					
ㅙ	ㅙ					
ㅝ	ㅝ					
ㅢ	ㅢ					

개구리 곰 고양이 나비

개구리 곰 고양이 나비

노루 다람쥐 두더지 말

노루 다람쥐 두더지 말

돼지 매미 메뚜기 악어

소 얼룩말 여우 코끼리

오 리	제 비	코 알 라	타 조
오 리	제 비	코 알 라	타 조

하 마	가 마	동 물 원	고 추
하 마	가 마	동 물 원	고 추

개	구	쟁	이
개	구	쟁	이

고	구	마
고	구	마

공	기
공	기

구	두
구	두

구	멍
구	멍

구	름
구	름

그	네
그	네

낱말 바르게 쓰기

기차 나라 나무 도토리

기차 나라 나무 도토리

마을 모자 바구니 보물

마을 모자 바구니 보물

숲 언덕 야옹야옹 오이
숲 언덕 야옹야옹 오이

우유 오징어 유리 주사
우유 오징어 유리 주사

낱말 바르게 쓰기

창문　토마토　터널　파도

팔랑팔랑　포도　항아리

머리 리 얼 굴 눈 코 입 귀

머리 리 얼 굴 눈 코 입 귀

손 발 몸 목 팔 배 다 리

손 발 몸 목 팔 배 다 리

낱말 바르게 쓰기

책	책 상	의 자	칠 판	필 통
책	책 상	의 자	칠 판	필 통

연 필	지 우 개	해	달	별
연 필	지 우 개	해	달	별

바 다　강　우 주 선　자 전 거

바 다　강　우 주 선　자 전 거

기 쁘 다　즐 겁 다　슬 프 다

기 쁘 다　즐 겁 다　슬 프 다

형 | 동생 | 언니 | 누나 | 오빠
형 | 동생 | 언니 | 누나 | 오빠

삼촌 | 고모 | 이모 | 친구
삼촌 | 고모 | 이모 | 친구

병	원
병	원

주	사
주	사

빨	리
빨	리

과	자
과	자

케	이	크
케	이	크

수	박
수	박

딸	기
딸	기

앵	두
앵	두

친 구 , 내 친 구 .

선 생 님 , 우 리 선 생 님 .

학 교 , 즐 거 운 학 교 .

모 여 서 우 리 는 하 나 .

고양이는 야옹야옹.
고양이는 야옹야옹.

나비는 팔랑팔랑.
나비는 팔랑팔랑.

고양이와 나비가 안녕,
고양이와 나비가 안녕,

안녕.
안녕.

나는 별나라에 누가

사는지 궁금합니다.

우주선을 타고 별나라

에 가 보고 싶습니다.

바나나를 마음껏 먹어

바나나를 마음껏 먹어

서 기뻐요.

서 기뻐요.

동생의 장난감을 망가

동생의 장난감을 망가

뜨려서 미안해요.

뜨려서 미안해요.

뚜, 뚜. 나팔꽃이 일어

뚜, 뚜. 나팔꽃이 일어

나래요.

나래요.

뚝, 뚝. 아침 이슬이

뚝, 뚝. 아침 이슬이

세수하래요.

세수하래요.

괜찮아! 영차, 영차.

나는 힘이 세.

괜찮아! 뾰족뾰족 나

는 무섭지 않아.

호랑이가 술래입니다.

호랑이가 술래입니다.

토끼가 뛰어갑니다.

토끼가 뛰어갑니다.

곰이 숨었습니다.

곰이 숨었습니다.

달리기를 합니다.

달리기를 합니다.

창문을 닦습니다.

창문을 닦습니다.

손뼉을 칩니다.

손뼉을 칩니다.

세수를 합니다.

세수를 합니다.

사과를 먹습니다.

사과를 먹습니다.

토끼가 깊은 산속을
토끼가 깊은 산속을

지나고 있었어요. 그때
지나고 있었어요. 그때

호랑이가 나타났어요.
호랑이가 나타났어요.

"어흥, 너를 잡아먹어
"어흥, 너를 잡아먹어

야겠다."

어느 날, 호랑이가 덤

벼들려고 하였어요.

"아이코, 아이코!"

2단계

	ㅏ	ㅓ	ㅗ	ㅜ	ㅡ	ㅣ
ㄱ	가	거	고	구	그	기
	가	거	고	구	그	기
ㄴ	나	너	노	누	느	니
	나	너	노	누	느	니
ㄷ	다	더	도	두	드	디
	다	더	도	두	드	디
ㄹ	라	러	로	루	르	리
	라	러	로	루	르	리

	ㅏ	ㅓ	ㅗ	ㅜ	ㅡ	ㅣ
ㅁ	마	머	모	무	므	미
	마	머	모	무	므	미
ㅂ	바	버	보	부	브	비
	바	버	보	부	브	비
ㅅ	사	서	소	수	스	시
	사	서	소	수	스	시
ㅇ	아	어	오	우	으	이
	아	어	오	우	으	이

	ㅏ	ㅓ	ㅗ	ㅜ	ㅡ	ㅣ
ㅈ	자	저	조	주	즈	지
	자	저	조	주	즈	지
ㅊ	차	처	초	추	츠	치
	차	처	초	추	츠	치
ㅋ	카	커	코	쿠	크	키
	카	커	코	쿠	크	키
ㅌ	타	터	토	투	트	티
	타	터	토	투	트	티

	ㅏ	ㅓ	ㅗ	ㅜ	ㅡ	ㅣ
ㅍ	파	퍼	포	푸	프	피
	파	퍼	포	푸	프	피
ㅎ	하	허	호	후	흐	히
	하	허	호	후	흐	히
ㄲ	까	꺼	꼬	꾸	끄	끼
ㄸ	따	떠	또	뚜	뜨	띠
ㅃ	빠	뻐	뽀	뿌	쁘	삐
ㅆ	싸	써	쏘	쑤	쓰	씨

반나절

예쁘다

이튿날

움직이다

걸리다

달력

지루하다 깜빡 일부러

지루하다 깜빡 일부러

주인공 정신 인형 생일

주인공 정신 인형 생일

그런데
그런데

필통
필통

그림물감
그림물감

떡
떡

비바람
비바람

눈물주머니
눈물주머니

물다 고깔 앞서다 빨리
물다 고깔 앞서다 빨리

초인종 천둥 조금 응원
초인종 천둥 조금 응원

가볍다
가볍다

사막
사막

수수께끼
수수께끼

독특하다
독특하다

더럽다
더럽다

꼬리
꼬리

단물　쉬다　진딧물　식물

단물　쉬다　진딧물　식물

보름달　협동　나뭇가지

보름달　협동　나뭇가지

끌 들 꽃
끌 들 꽃

괭이밥
괭이밥

노랗다
노랗다

괜찮아
괜찮아

뒤집다
뒤집다

거칠다
거칠다

곱다 걷다 듣다 뛰다

곱다 걷다 듣다 뛰다

빨간불 쪽지 왼쪽 체험

빨간불 쪽지 왼쪽 체험

낱말 바르게 쓰기

그	림	자	밟	기
그	림	자	밟	기

씨	름
씨	름

그	네
그	네

꼬	리	잡	기
꼬	리	잡	기

자	치	기
자	치	기

팽	이
팽	이

깃털 펭귄 표법 침팬지

깃털 펭귄 표법 침팬지

가깝다 부엌 석유 습관

가깝다 부엌 석유 습관

흙

울타리

회오리바람

떡갈나무

쓰레기

맑다

빨	랫	줄
빨	랫	줄

듬	뿍
듬	뿍

금	방
금	방

역	할
역	할

연	둣	빛
연	둣	빛

처	음
처	음

캐	다
캐	다

딱	지
딱	지

우리나라 사람들은 허

리를 굽혀 인사합니다.

그리고 서로 인사말도

주고받습니다.

마음이 설레었습니다.

마음이 설레었습니다.

신 나게 달렸습니다.

신 나게 달렸습니다.

새끼손가락을 걸어요.

새끼손가락을 걸어요.

바람이 지나갔습니다.

바람이 지나갔습니다.

"사람들은　항상　열심

히　일하고　있지."

"아니야,　사람들은　늘

잠들어　있어."

아침 해가 방긋

저녁 비가 주르륵

뭉게구름이 둥둥

시원한 바람이 솔솔

황새는 부리를 깃털

사이에 파묻고 한쪽 다

리로 서서 잡니다.

기린도 서서 자는 동

물입니다. 적이 나타나면

빨리 도망갈 수 있도록

주로 서서 꾸벅꾸벅 조

는 듯이 잡니다.

눈을 꼭 감고 슬금슬

금 뒷걸음치다가 마침내

는 산골 도랑의 돌 밑

으로 숨어들었습니다.

그 사람의 좋은 점,

그 사람의 잘하는 점,

열심히 하는 점을 자세

히 씁니다.

하나 들 셋 넷 다섯
하나 들 셋 넷 다섯

여섯 일곱 여덟 아홉
여섯 일곱 여덟 아홉

열 스물 서른 마흔 쉰
열 스물 서른 마흔 쉰

예순 일흔 여든 아흔
예순 일흔 여든 아흔

일 이 삼 사 오 육

일 이 삼 사 오 육

칠 팔 구 십 이십

칠 팔 구 십 이십

삼십 사십 오십 육십

삼십 사십 오십 육십

칠십 팔십 구십 백 천

칠십 팔십 구십 백 천

3단계

각	각							
갈	갈							
곤	곤							
날	날							
낳	낳							
넌	넌							
뇨	뇨							
놓	놓							
냅	냅							
눈	눈							
달	달							
돕	돕							
동	동							

득	득								
락	락								
렴	렴								
록	록								
말	말								
몇	몇								
목	목								
못	못								
문	문								
반	반								
발	발								
밤	밤								
벗	벗								

반침 있는 글자 쓰기

병	병							
불	불							
산	산							
생	생							
쉽	쉽							
숲	숲							
악	악							
안	안							
암	암							
엽	엽							
얄	얄							
잣	잣							
준	준							

착	착								
천	천								
충	충								
캄	캄								
콜	콜								
탓	탓								
톱	톱								
팔	팔								
풍	풍								
합	합								
혼	혼								
핥	핥								
흙	흙								

단풍

양탄자

도토리묵

다락방

상냥하다

얇다

샤프 헝겊 열심히 벼룩

샤프 헝겊 열심히 벼룩

경찰관 묘목 육교 효과

경찰관 묘목 육교 효과

꼬	박	꼬	박
꼬	박	꼬	박

도	깨	비
도	깨	비

표	정
표	정

소	곤	소	곤
소	곤	소	곤

뾰	족	뾰	족
뾰	족	뾰	족

혹
혹

튜브 튤립 이륙 착륙

튜브 튤립 이륙 착륙

대통령 패랭이꽃  뉴스

대통령 패랭이꽃 뉴스

낱말 바르게 쓰기

술래잡기
술래잡기

윷놀이
윷놀이

껍질
껍질

태극기
태극기

애국가
애국가

체육복
체육복

케첩
케첩

옥수수
옥수수

레몬
레몬

키위
키위

멀찍이
멀찍이

요구르트
요구르트

헤엄
헤엄

제비뽑기

제비뽑기

짚신

짚신

맏아들

맏아들

항아리

항아리

강정

강정

종종걸음

종종걸음

출발 세계 찻길 칠면조

출발 세계 찻길 칠면조

베갯잇 놋쇠 배꽃 낮잠

베갯잇 놋쇠 배꽃 낮잠

한	과
한	과

햇	별
햇	별

분	해
분	해

통	나	무
통	나	무

검	은	콩
검	은	콩

컴	컴	한
컴	컴	한

북	엇	국
북	엇	국

교 통 순 경

폐 활 량

풀 숲

타 원 형

무 릎

앞 판

대 패

진 돗 개

진 돗 개

외 갓 집

외 갓 집

옹 달 샘

옹 달 샘

종 달 새

종 달 새

혼 쫄

혼 쫄

싫 어

싫 어

바 짝

바 짝

마음껏 헐레벌떡 해마

해코지 수북이 잎사귀

혹시 여행하는 동안에

혹시 여행하는 동안에

필요할지 몰라서 장갑

필요할지 몰라서 장갑

몇 켤레와 털 슬리퍼도

몇 켤레와 털 슬리퍼도

넣었습니다.

넣었습니다.

할아버지는 아침 일찍

일어나 아침을 먹고, 우

유 수레를 끌고 마을로

나갔습니다.

나무 나무 무슨 나무

나무 나무 무슨 나무

십 리 절반 오리나무

십 리 절반 오리나무

불 밝혀라 등나무

불 밝혀라 등나무

푸르러도 단풍나무

푸르러도 단풍나무

가다 보니 가닥나무
가다 보니 가닥나무

오다 보니 오동나무
오다 보니 오동나무

죽지 않고 살구나무
죽지 않고 살구나무

따끔따끔 가시나무
따끔따끔 가시나무

역할을 골고루 경험하

기 위하여 한 달에 한

번씩 역할을 바꾸려고

합니다. 그때는 선생님이

다시 안내해 주지 않고,

역할이 바뀌는 사람들끼

리 서로 자신이 했던

역할을 안내해 주어요.

이렇게 잘 띄운 메주

를 깨끗이 씻어서 적당

히 햇볕에 말립니다. 그

런 뒤, 항아리에 메주와

소금물을 넣습니다. 이때

붉은 고추와 숯을 함께

넣어, 잡균을 없애고 냄

새를 제거합니다.

미술 시간에 물감이

없어서 걱정하였는데 네

가 물감을 빌려 주어서

고마웠어.

가난하지만 행복한 마

음을 가진 너를 알게

되어 기쁘다. 용기를 내

렴. 또 만나자. 안녕!

종이책은　전자책보다

종이책은　전자책보다

편리하게　볼　수　있다.

편리하게　볼　수　있다.

컴퓨터　화면을　통하여

컴퓨터　화면을　통하여

책　한　권을　읽는　것은

책　한　권을　읽는　것은

매우 힘들고 불편하다.

종이책은 여러 장을 펼

쳐 놓고 비교할 수 있

는 장점이 있다.

해마다 목적지를 분명

하게 정하면 시간을 낭

비하지 않게 된다. 누구

나 한번쯤, 제대로 놀지

도 못하고 그렇다고 제

대로 공부하는 것도 아

닌 채 어영부영 시간을

보낸 적이 있을 것이다.